BEI GRIN MACHT SICH IHR WISSEN BEZAHLT

AF145608

- Wir veröffentlichen Ihre Hausarbeit,
  Bachelor- und Masterarbeit

- Ihr eigenes eBook und Buch -
  weltweit in allen wichtigen Shops

- Verdienen Sie an jedem Verkauf

Jetzt bei www.GRIN.com hochladen und kostenlos publizieren

Bibliografische Information der Deutschen Nationalbibliothek:

Die Deutsche Bibliothek verzeichnet diese Publikation in der Deutschen National-
bibliografie; detaillierte bibliografische Daten sind im Internet über http://dnb.d-
nb.de/ abrufbar.

Impressum:

Copyright © 2016 GRIN Verlag, Open Publishing GmbH
Druck und Bindung: Books on Demand GmbH, Norderstedt Germany
ISBN: 9783668474758

Dieses Buch bei GRIN:

http://www.grin.com/de/e-book/370151/paederastie-in-sparta-paedagogischer-eros-
in-kriegerischen-kulturen-der

Anonym

**Päderastie in Sparta. Pädagogischer Eros in kriegeri-
schen Kulturen der Antike**

GRIN Verlag

GRIN - Your knowledge has value

Der GRIN Verlag publiziert seit 1998 wissenschaftliche Arbeiten von Studenten, Hochschullehrern und anderen Akademikern als eBook und gedrucktes Buch. Die Verlagswebsite www.grin.com ist die ideale Plattform zur Veröffentlichung von Hausarbeiten, Abschlussarbeiten, wissenschaftlichen Aufsätzen, Dissertationen und Fachbüchern.

Besuchen Sie uns im Internet:

http://www.grin.com/

http://www.facebook.com/grincom

http://www.twitter.com/grin_com

Päderastie in Sparta

Pädagogischer Eros in kriegerischen Kulturen der Antike

Humboldt Universität zu Berlin, Philosophische Fakultät I, Institut für Geschichtswissenschaften

B.A. Geschichte/ Sozialwissenschaften (2. Semester)

Seminar: Athen und Sparta

Thema: Päderastie in Sparta

Inhalt

1. Einleitung

Päderastie ist ein Begriff der, wie alle Begriffe, einem historischen Wandel unterlag. Oft werden hier vor allem im umgangssprachlichen Gebrauch, gedankliche Brücken zu Homosexualität, oder sogar Pädophilie gebaut, jedoch ist die Päderastie der Antike ein sehr komplexes, emotional vielschichtiges und zum Teil sogar institutionalisiertes griechisches Konzept der Erziehung. Das „Mannwerden" in kriegerischen Kulturen war ein angeleiteter Prozess der sowohl körperlich als auch geistig vollzogen werden musste. Diese Hausarbeit wird sich im speziellen der dorischen Knabenliebe widmen und dabei den Fokus auf Sparta zwischen dem 6. und 4. Jahrhundert v. Chr. legen. Der sexuelle Aspekt, der zu der semantischen Differenzierung beigetragen hat, wird erläutert, aber vor allem sollen die pädagogischen Charakteristika näher beleuchtet werden.

Die Zentralität der geistigen Verbindung, respektive freundschaftlicher Liebe, soll hier in ihrer Wirkung auf die spätere Effektivität im Kampf erläutert werden. Nicht nur der aktuelle Forschungsstand findet Erwähnung, sondern auch die Wahrnehmung und Bewertung der großen Philosophen der griechischen Antike, wie Aristoteles oder Platon. Da die Lakedaimonier keine schriftlichen Quellen hinterließen, muss sich auf athenische Quellen in Verbindung mit Sekundärliteratur berufen werden. Da nur von Xenophon und Plutarch eine umfassende Darstellung des Themas in Bezug auf Sparta existiert, werden diese kritisch miteinbezogen. Die gesellschaftliche Perzeption, die zur damaligen Zeit eng mit Religiosität verknüpft war, soll den rituellen Aspekt unterstreichen. Diese Thematik wird in der Forschung kontrovers diskutiert, da die Ausformungen der antiken Knabenliebe sich nicht nur territorial, sondern auch soziokulturell unterschieden. Hinzu kommt, dass semantische Hürden abgebaut werden müssen, um Klarheit in die Argumentationsstruktur zu bringen.

2. Päderastie

2.1. Definition

„Die Päderastie (Knabenliebe) ist eine in Griechenland gepflegte Spielart der Homosexualität unter Männern bestimmter Altersstufen. Einem 12-18jährigen "Knaben" (…) gegenüber nahm ein Mann, der älter als 30 Jahre war, die Rolle eines Liebhabers (…) und Erziehers ein. In der Forschung wird der Stellenwert des sexuellen und des pädagogischen Aspektes der Päderastie verschieden gewichtet, indem diese teils als pädagogisch verbrämte sexuelle Beziehung, teils als erotisch gefärbte Erziehung gedeutet wird, bei der die Ausbildung zu kriegerischer Tüchtigkeit (…) des Polisbürgers im Vordergrund stand."[1]

2.2. Erscheinungsformen der Päderastie

Im folgenden Abschnitt wird erläutert, welche Erscheinungsformen der Päderastie diskutiert werden und inwieweit sie sich unterscheiden. Zur Zeit des 5 bis 4 Jhd. v. Chr. gab es zwei Ausprägungen der Knabenliebe. Es wird vermutet, dass sich die klassische griechische Knabenliebe, aus der älteren dorischen Form entwickelt haben soll. Bis heute ist dies nicht verifiziert worden. Die Knabenliebe in Athen und dem übrigen, heute griechischen Gebiet, lässt sich im Allgemeinen als erotisch und ästhetisch getönt begreifen und gilt als körperlich-sexuell fokussiert. Kontrastierend dazu wird zum Beispiel von Bethe die dorische Ursprungsform der Knabenliebe als edle und reine

---

[1] Paederasty - Brill Reference, http://referenceworks.brillonline.com/entries/brill-s-new-pauly/paederasty-e903570?s.num=2&s.q=erastes (18.08.2016).

Variante dargestellt die sich auf die aretē (kriegerische Tüchtigkeit) bezieht.[2] Der Historiker Marrou vertritt hingegen die Meinung, dass sich beide Formern im gesamten hellenistischen Raum eine Grundlage teilten, nämlich die kriegerische. In der Antike sind jeder Gesellschaft kriegerisch sehr ausgeprägte strukturelle Elemente zuzuschreiben, auf dieser Annahme stütz Marrou seine Aussage, dass „(…) eine auf kriegerische *aretē* abzielende Knabenliebe einst allen Griechen gemeinsam gewesen sei und sich bei den Doriern nur mit deren gesamten Festhalten an alten kriegerischen Lebensformen erhalten habe"[3]. Modernisierungsvorgänge, in Bezug auf politische sowie wirtschaftliche Entwicklungen vollzogen sich vor allem in Sparta sehr zeitverzögert im Gegensatz zu Athen, aus diesem Grunde ist die Annahme des Traditionsbewusstseins schlüssig.

2.3. Die dorische Knabenliebe/ spartanische Knabenliebe

Die dorische Knabenliebe war vor allem im Territorium der Dorier vorzufinden, hierzu zählen u.a. Kreta, Theben und Sparta. Grundlegend vereint diese Kulturen eine kriegerische/ militärisch geprägte Gesellschaftsstruktur. Diese war insbesondere bezüglich der Erziehung stark staatlich bzw. durch die Polis organisiert. So wurde in Sparta die körperliche Konstitution der Neugeborenen von staatlichen Beamten umgehend bewertet. Xenophon schildert diesen Vorgang folgendermaßen:

> „ (...) wo die Ältesten der Gemeindegenossen saßen und das Kind untersuchten und, wenn es wohlgebaut und kräftig war, seine Aufzucht anordneten (...) war es aber schwächlich und mißgestaltet, so ließen sie es zu der sogenannten Ablage (Apothetai) bringen, einem Felsabgrund am Taygetos "[4].

---

[2] *Harald Patzer*, Die griechische Knabenliebe. (Sitzungsberichte der Wissenschaftlichen Gesellschaft an der Johann-Wolfgang-Goethe-Universität Frankfurt am Main, 19,1). Wiesbaden 1982, 71
[3] *Patzer* (wie Anm. 2), 71
[4] *Xen. Lak.pol. 2-4*, 2. Die lakedaimoinische Gesellschaft: Die Spartiaten (homoioi). 2.1. Die gemeinsame Erziehung (sog. agoge´), in:

Nicht nur die Selektion lebenswerter Neugeborener, sondern auch die Erziehung des Nachwuchses wurde ab dem Alter von circa 12 Jahren[5] vom Elternhaus auf einen hochrangigen Beamten übertragen. Der lakedaimonische Gesetzgeber Lykurg (semi-mystische Gestalt) regelte die pädagogischen Rahmenbedingungen der Kindererziehung, respektive militärischer Erziehung in der sogenannten *Krypteia*[6]. Demnach wurden künftige Spartiaten, nicht wie gewöhnliche griechische Kinder von Sklaven erzogen, sondern von speziellen *paidonomos* (Knabenaufseher). Wichtig war, dass sie der gleichen gesellschaftlichen Schicht angehörten wie die Familie dessen Kind es zu erziehen galt und dass sie von höchstem aristokratischem Rang waren[7]. Einige Wissenschaftler vermuten das Eingehen einer Beziehung eines jungen Knaben mit einem älteren Mann, sogar als gesellschaftliche Pflicht, da es im Falle Kreta in der *polīteia* (Verfassung) festgeschrieben war[8]. Nimmt man Bezug auf die Quellen, wird deutlich, dass Platon und Xenophon unterschiedlich Stellung zur Thematik beziehen. So ist es Platon, der die Päderastie in Sparta als unnatürlich anprangert, da er von einer ausschließlich körperlichen Verbindung ausgeht, und Xenophon, der sie auf freundschaftlicher pädagogischer Ebene wertet, da physische Begierde laut Lykurg, vor allem in Sparta verboten gewesen sei. Konsequenzen der Zuwiderhandlung hätten, laut Plutarch, den Verlust des Vollbürgerstatus zur Folge gehabt.[9] Dieses Risiko, verbunden mit den materiellen und rechtlichen Verlusten inklusive der individuellen persönlichen Reputation, wären vermutlich nicht sehr viele Spartiaten eingegangen.

Im Folgenden sollen Deutungsansätze umrissen werden, die verschiedene Komponenten der dorischen Knabenliebe aufzeigen.

---

[5] (wie Anm. 1)
[6] Militärtraining, Anlehnung an Platons Interpretation der *krypteia* laut Plat.leg.633b-c
[7] *Xen. Lak.pol.* 2-4 (wie Anm. 4)
[8] *Patzer* (wie Anm. 2), 71
[9] *Karl-Wilhelm Welwei*, Sparta. Aufstieg und Niedergang einer antiken Großmacht (2004)., 209

2.4. Komponenten der dorischen Knabenliebe

2.4.1. Rituelle Komponente

Besonders über Kreta ist in Bezug auf rituelle Abläufe der Knabenliebe viel bekannt. Hier wurden Riten gelebt, die uns auch heute noch geläufig sind, wie zum Beispiel der Brautraub, nur hier wird dieser, laut Berichten des Ephoros[10], Knabenraub genannt. [11] Demnach wurde der Knabe spielerisch, festlich und in Anwesenheit der Familie entführt, um mit seinem zukünftigen, nennen wir es in diesem Zusammenhang Entführer, eine zweimonatige Reise anzutreten. Was dort genau passierte ist nicht en détail bekannt, jedoch ist gesichert, dass Fertigkeiten im Bereich des Jagens vermittelt worden sind.[12] Dem Jagdtraining wurde auch in Sparta eine zentrale Rolle beigemessen:

> *„Lykurg indes stellte den Grundsatz auf, das beste solle für die Männer dieses Alters die Jagd sein (...) damit auch sie nicht weniger als die angehenden Männer die Anstrengungen des Kriegsdienstes ertragen könnten"[13].*

Daran lassen sich Parallelen für Kreta und Sparta feststellen.

Da die Angehörigen der Knaben anwesend waren und aktiven Widerspruch hätten leisten können, ist zu vermuten, dass auch hier wieder die Annahme der gesellschaftlichen Akzeptanz greift und es nicht als verpönt galt, eine solche Beziehung zu führen. Zusätzlich hatte der Knabe, nachdem der Knabenraub vollzogen war und die zwei Monate Gemeinschaft beendet waren, die Pflicht, die Festgemeinschaft über etwaige negative Vorkommnisse, wie zum Beispiel Gewalt seitens des Entführers, aufzuklären, um die Verbindung fortzuführen oder zu beenden. Blieb die Verbindung bestehen, wurden dem Knaben Geschenke gemacht: Waffenausrüstung, ein Rind und ein Trinkgefäß[14]. Daran lassen sich militärische sowie religiös/traditionelle Ideen festmachen. Das Rind wurde Zeus geopfert. Das Trinkgefäß stand symbolisch für den nun sicheren Platz in der Mahlgemeinschaft (syssītia), deren Bedeutung im Verlauf der

---

[10] Search Results - Brill Reference, http://referenceworks.brillonline.com/search?s.q=ephoros&s.f.s2_parent=s.f.book.der-neue-pauly&search-go=Search (07.09.2016).
[11] *Patzer* (wie Anm. 2), 72
[12] *Patzer* (wie Anm. 2), 72
[13] *Xen. Lak.pol. 2-4* (wie Anm. 4), IV 7
[14] *Patzer* (wie Anm. 2), 72

6

Arbeit noch erläutert wird. Der Bindung kommt nun eine neue qualitative Bewertung zu. Erastēs (Liebender) und Erōmenos (Geliebter) sind nun Kampfgenossen und tragen beide den Namen *klēnoi*. Das bedeutet *die Hochgeehrten* und zeigt auf, worum sich die Knabenliebe für die Dorier drehte, um Ehre und Kampf als große Teilaspekte.[15] Es galt als unehrenhaft, keinen Erastēs zu finden. In den zwei Monaten der Gemeinschaft von Erōmenos und Erastēs eignete sich der Erōmenos alle Fertigkeiten an, die zukünftig zentrale Elemente seines Lebens werden sollten. Die Jagd impliziert, dass das Training mit Waffen zum Einsatz kam, gleichzeitig auch der Nahrungsbeschaffung. Ferner wurden ihm die Kampftechniken seines Lehrmeisters zu eigen. Der Aufbau von Vertrauen und Freundschaft wird zentral, wenn im Folgenden die Schlachtformation näher erläutert wird.

An der Schilderung des rituellen Vorgangs der Initiation, lässt sich schon der pädagogische Charakter erahnen. Der Erastēs nimmt die Position eines Lehrers ein und prägt den Erōmenos auf seine Kampf- und Waffentechniken. Die Lehrposition ist genauso wie die sexuelle Komponente unterschiedlich gewichtet worden. Ob dieser Initiationsritus in seiner Gänze auch in Sparta vollzogen wurde, geht nicht aus den Quellen hervor. Es ist allerdings davon auszugehen, dass aufgrund der allumfassenden Simplizität der Spartaner, ein solcher Ritus weniger festlich begangen wurde als hier am Beispiel Kretas geschildert.

2.4.2. Pädagogische Komponente

Im folgendes Abschnitt sollen die pädagogischen Aspekte näher erläutert werden. Diese sind, wie sicher schon deutlich wurde, von den anderen Teilgebieten der Knabenliebe untrennbar.

Mut und Ehre sind zentrale Eigenschaften in einer maskulin, militärisch geprägte Gesellschaftsstruktur, die zudem massiv von Konkurrenzkampf geprägt wurde. So baut sich vorerst eine Mentorenbeziehung auf, die über eine simple Lehrer-Schüler Beziehung hinausgeht. Werte- und Wissensvermittlung werden zum Fundament einen langjährig entstehenden Kampfbeziehung. Es ist davon auszugehen, dass diese Verbindung als temporäre Beziehung angelegt war. Verschiedene Forscher gehen

---

[15] *Patzer* (wie Anm. 2), 73

allerdings davon aus, dass, reduziert auf den Freundschaftscharakter, Beziehungen dieser Art auch nach der Heirat des Erōmenos mit einer Frau weitergeführt wurden. Beruht eine Lehrbeziehung auf Freundschaft, so entsteht weniger Dissens, da gemeinsame spätere Kampfentscheidungen auf gleichen Denkstrukturen basieren die in den prägenden Jahren des Erōmenos von seinem Lehrer verankert wurden. Der Erastēs ist zudem eine Inspiration und verkörpert Heldenmut[16]. So nimmt der Erastēs eine tragende Rolle im Leben seines Eromenōs ein, die im Folgenden noch erläutert wird.

2.4.3. Sexuelle Komponente

Es liegen keine schriftlichen Quellen vor, die eine sexuelle Vorgehensweise der Knabenliebe in Sparta erläutern, allerdings existieren Malereien, vor allem Vasenmalereien, die den Akt gleichgeschlechtlicher männlicher Paare zeigen. Vor allem der Prozess des Kennenlernens bzw. des Umeinanderwerbens wird visualisiert. Interessant ist, dass beide Partner stehen. Hier steht wieder der gegenseitige Respekt, den das Paar füreinander empfindet, im Vordergrund, sie begegnen sich auf Augenhöhe. Malereien die den Koitus zwischen den Geschlechtern veranschaulichen, bilden den weiblichen Part überwiegend in gebückter Haltung ab. Dass Knabenliebe in Form ritueller Initiationsbräuche unter Umständen auch sexuelle Komponenten hatte, ist anzunehmen, wie ausgeprägt diese waren, war abhängig vom kulturellen Rahmen in dem sie stattfand. Da in keiner Quelle über den eigentlichen gleichgeschlechtlichen sexuellen Akt zwischen Spartanern berichtet wird, gibt es keinen eindeutigen Beweis für seine Existenz. Allerdings lässt die Verwendung der Termini Erastēs und Erōmenos in Ephoros Schilderungen darauf schließen, dass diese durch die Bezugnahme auf den Gott Eros zurückgehen. Dieser sei der älteste Gott von allen und schaffe die größten Güter. Diese Güter seien "ein[en] zuverlässige[r] Liebhaber und für den Liebhaber einen ebensolchen Geliebten"[17]. Nicht nur der göttliche Aspekt, sondern die Symbiose aus Semantik und Mythologie lassen auch sexuelle Begierde erahnen. Die semantische

---

[16] *Clifford Hindley*, Eros and military command in Xenophon, in: The Class. Q. 44, 1994, 347 (18.08.2016).
[17] *Plato/Thomas Paulsen/Rudolf Rehn* (Hrsg.), Das Gastmahl. (Reclams Universal-Bibliothek, 18527). Stuttgart 2008

Ableitung der Bezeichnungen der Liebenden geht auf den Wortstamm des Namens des Gottes Eros zurück, der als die Personifikation der sexuellen Liebe gilt.[18] Zusätzlich findet auch der Gott Zeus Erwähnung. In Kombination mit der Opferung des Rinds an Zeus, welches dem Erōmenos als Geschenk übergeben worden ist, sollte die "numinose Manneskraft" sicherstellen oder, wenn bereits vorhanden, erhalten. Diese wird in einigen indigenen Völkern durch Sperma vermehrt, sodass der Koitus in diesem Falle als Instrument der Vermehrung der Manneskraft gewertet werden könnte.[19] Da diese Arbeit allerdings den Fokus auf Sparta legt und hierzu keine Quellen, Aussagen über eine sexuelle Komponente machen, lässt sich dazu keine Stellung beziehen.

---

[18] Eros - Brill Reference, http://referenceworks.brillonline.com/entries/der-neue-pauly/eros-e401810?s.num=0&s.f.s2_parent=s.f.book.der-neue-pauly&s.q=eros+ (09.09.2016).
[19] *Patzer* (wie Anm. 2), 78

3. Fokus Sparta

Sparta steht im Fokus dieser Hausarbeit, jedoch ist die Quellenlage besonders in diesem Fall defizitär bis nicht existent. Die Interpretationen und Niederschriften griechischer Philosophen wie Aristoteles oder Xenophon müssen herangezogen werden, um die Knabenliebe in Sparta untersuchen zu können. Wie bereits erwähnt, stand in Sparta das Militärwesen im gesellschaftlichen Fokus. Ferner ist es wichtig, zu erwähnen, dass es sich um eine stark wettbewerbsorientierte Gesellschaftsstruktur handelt, daher ist es vom psychologischen Standpunkt aus, nachvollziehbar, dass sich Gefühle wie Neid und Missgunst durch zwischenmenschliche Beziehungen zogen und sehr präsent waren[20]. Diese lassen nur wenig Platz für Vertrauen oder Freundschaft. Gab es also eine Notwendigkeit dieses Beziehungsmodells der Päderastie, um wahrhaftige freundschaftliche und liebevolle Nahbeziehungen aufbauen zu können? Oder war es ein staatlich- psychologisch/ militärisches Instrumentarium, um zwischenmenschliche Barrieren abzubauen und ein Gemeinschaftsgefühl zu erzeugen, welches sich effektiv in der Schlacht auswirkte? Auch Geburtenkontrolle während der Militärausbildung der männlichen Polisbürger, in Bezug auf den Vollbürgerstatus, wäre ein plausibler Erklärungsansatz. So könnte man auch eugenische Ansätze vermuten: Nur die besten Krieger sollen sich auf dem Höhepunkt ihrer Manneskraft der Fortpflanzung widmen, um wiederum gesunden, kräftigen Nachwuchs zu zeugen.

Der folgende Abschnitt der Arbeit erläutert die einzelnen Institutionen, die in Verbindung mit der Erziehung der Jungspartiaten Erwähnung finden sollten.

---

[20] *Paul A. Cartledge*, Spartan reflections. London 2001, 103

3.1.   Die Agoge´

Die Agoge´ wird als staatlich organisiertes Erziehungssystem verstanden, welches in zwei Zyklen aufgeteilt wurde. Streng genommen wurden nur männliche Kinder zugelassen. Bildung im Bereich der Schreib-und Lesekenntnisse wurden vermutlich vermittelt, waren aber nicht primärer Bestandteil der Agoge´. Grundwerte der Erziehung bezogen sich vornehmlich auf das Ertragen außergewöhnlicher Umstände, deswegen wurden die jungen Männer für diese, besonders durch Verzicht, abgehärtet. Temperaturen, Hunger, Müdigkeit sollten keine Barrieren darstellen, an denen die zukünftigen Spartiaten hätten scheitern können.

> *„Lesen und Schreiben lernten sie nur soviel, wie sie brauchten; die ganze übrige Erziehung war darauf gerichtet, daß sie pünktlich gehorchen, Strapazen ertragen und im Kampfe siegen lernten."*[21]

Die zweite Phase des Zyklus der Agoge´ intensivierte die militärische Ausbildung mit zunehmendem Alter der jungen Spartaner.

Bis heute wird kontrovers darüber diskutiert, ob die Päderastie offizieller Bestandteil der Agoge´ war. So ist zum Beispiel Cartledge der Ansicht, dass diese Annahme gesichert sei, wohingegen Welwei dies offenlässt.

Sowohl die attische Komödie als auch Plutarch und Xenophon berichten über Päderastie in Sparta. Die genannten sehen stets eine Verbindung zwischen Agoge´ und Päderastie. Dies impliziert also, dass eine temporäre exklusive zwischenmenschliche Beziehung dieser Art Teil der militärischen Ausbildung war. Ob beziehungsweise wie viel Wahrheitscharakter diesen Aussagen zu entnehmen ist, ist vor allem in Bezug auf die attische Komödie kritisch zu beurteilen. Richtet man den Fokus auf den Dualismus der Hegemoniebestrebungen Athen- Sparta lässt vermuten, dass die attische Komödie, um das Bedrohungsbild des Feindes durch Verleumdung lächerlich zu machen und zu entschärfen. Dass hier Übertreibungen, was die sexuelle Komponente der Knabenliebe in Sparta angeht, instrumentalisiert wurden, liegt nah. [22]

---

[21] *Xen. Lak.pol. 2-4* (wie Anm. 4), IV 16
[22] *Cartledge* (wie Anm. 20), 93

11

3.2.   Bedeutung der syssītia und des Lagerlebens

Der syssītia (Mahlgemeinschaft) kam eine mehrdimensionale Bedeutung in der Männergemeinschaft der Spartiaten zu. Es sollte betont werden, dass das Lagerleben bis zum 30. Lebensjahr, inklusive der Abstinenz des weiblichen Geschlechts, mehr als förderlich für die Liebe unter Männern gewesen sei.[23] Der Mahlgemeinschaft kam zum einen eine enorme staatliche Funktion zu. Sie diente der politischen-militärischen Diskussion und nivellierte bezüglich dieser Thematik soziale Unterschiede.[24] Gleichzeitig betonte sie die staatlichen Prinzipien der Über- und Unterordnung, um auch hier eine Art Wettbewerbscharakter aufrechtzuerhalten. Machte sich ein Spartiat im Sinne des Staates besonders verdient, so wurde er mit „Ehrenplätzen" oder „Ehrenportionen" bedacht[25]. Dennoch war ein Abstieg innerhalb der Mahlgemeinschaft nicht ausgeschlossen, denn diese war in Hierarchieebenen gegliedert und eine Degradierung konnte schon aufgrund fehlender finanzieller Mittel erfolgen. Auch hier Beweist sich Sparta als absoluter Selektionsstaat. Als Antrieb galt die Erlangung bzw. vornehmlich der Erhalt des Vollbürgerstatus.[26]

3.3.   Heeresreform Sparta & die homoioi Ideologie

Ab Mitte des 5. Jahrhunderts v. Chr. fand eine Umstrukturierung des Militärwesens in Sparta statt. Der Fokus der Individualausbildung der Krieger verschob sich auf Gruppen und Verbandstraining. Der Begriff der *homoioi* (Gleiche) und die dazugehörige Ideologie verstärkten das staatlich gewollte Zusammengehörigkeitsgefühl der Krieger. Grund dafür war zum einen die aufgrund des Mangels an Spartiaten bewusste Vermischung von ebendiesen und Periöken im Heer, da die Anzahl an Spartiaten durch die steigende Anzahl an Konfliktherden, sowie dem Erdbeben von 464 v. Chr. Zu sinken begann. Um also überhaupt ein Heer stellen und ausbilden zu können, nahmen

---

[23] *Patzer* (wie Anm. 2), 9
[24] *Ernst Baltrusch*, Sparta. Geschichte, Gesellschaft, Kultur. (Beck'sche Reihe; 2083: C.H. Beck Wissen). München 1998, 70–71
[25] *Baltrusch* (wie Anm. 24), 70
[26] *Baltrusch* (wie Anm. 24), 68–69

die Periöken, die zum Kriegsdienst unter den Spartanern verpflichtet waren eine, tragende Rolle bezüglich der Quantität im Heer ein. Zum anderen wäre denkbar, dass durch die ständige Abwesenheit, vor allem von Verwaltungsbeamten Spartas, und die entstandene gesellschaftliche Heterogenität durch die Annexion neuer Gebiete und somit auch neuer Bevölkerungsschichten, ein besagtes Zusammengehörigkeitsgefühl oder Überlegenheitsgefühl saniert werden sollte.[27] Kontrovers diskutiert wird die Funktion der Abgrenzung zu den Periöken, die, nicht wie die Spartiaten den Vollbürgerstatus innehatten.

Da die Periöken als Ausgleich, der fehlenden Spartiaten aufgestellt wurden, wird diskutiert, ob eine mentale Abgrenzung zur eigentlich unterworfenen Gesellschaftsschicht der Periöken die kriegerische Besonderheit der Spartiaten unterstreichen sollte. Aspekte der homoioi Ideologie waren identische Lebensauffassung und Lebenseinstellung. Ergebnis war, dass Einzelinteressen in den Hintergrund rückten und das Gemeinwohl im Sinne des staatlichen Interesses in den Vordergrund. Dieses Instrumentarium wirkte sich zusätzlich stabilisierend auf die Gesellschaft aus und führte somit zu einer Entstratifizierung im Bereich des Lagerlebens. Außerdem war es Sparta dadurch wieder möglich, an vergangene kriegerische Erfolge anzuknüpfen, die temporär nach den Perserkriegen ausblieben.[28] Eine besondere Auswirkung wird vermutlich zusätzlich im Erziehungswesen spürbar geworden sein, ob päderastische Elemente im Zuge der Reform als pädagogisches Instrument hinzugekommen sind oder diese bereits Tradition hatten, ist unklar. Denkbar wäre allerdings, dass die Symbiose der homoioi Ideologie, des Gemeinschaftstrainings und der speziellen Methode der Päderastie, eine Entspannung der Wettbewerbssituation ergab und diese hier positiv auf die psychische Verfassung der Krieger gewirkt haben mag.

---

[27] *Baltrusch* (wie Anm. 24), 71
[28] *Raimund Schulz*, Athen und Sparta. (Geschichte kompakt). 3. Aufl. Darmstadt 2008, 66f.

13

3.4. Hopliten Phalanx

Die Phalanx zeichnete sich durch eine Blockformation der Soldaten aus. Im späten 5. Jahrhundert v. Chr. transformierte sich der Kampfstil der Griechen. Die Hopliten Phalanx wurde sehr erfolgreich in der Schlacht eingesetzt, eine Formation, die nur auf Vorstoß beruhte. Jeder Kämpfer war an seiner unbewaffneten Flanke von seinem Nebenmann geschützt.[29] Die vorderen Reihen wurden von Spartiaten besetzt. Unnachgiebig in ihrem Willen waren sie dafür zuständig, die tödlichen Speerstöße vorzunehmen.[30] Die hinteren Reihen setzten sich vermutlich aus Periöken zusammen. Bedenkt man die Umstände (Temperatur, Anreise zu Fuß, Versorgung, fehlende Ruhepausen), unter denen gekämpft wurde, wird deutlich, dass individuelle Einzelkämpfe allein aufgrund der Rüstung sehr kurze Szenarien gewesen wären. Die Rüstung, bestehend aus Bronzehelm, Körperrüstung aus Bronze, Schild und Speer wog schätzungsweise über 30 kg. Der Helm schottete den Krieger für Kommandos regelrecht ab und schränkte ihn zudem in seiner Bewegungsfreiheit ein. Er und sein Nebenmann mussten also ein eingespieltes Team sein, um kräfteschonend, aber effektiv ihren Einsatz beenden zu können und dabei zu überleben. Erzielt wurde dieses Vertrauen durch langes gemeinsames Training. Betrachtet man die Formation der Phalanx aus der Vogelperspektive, so erscheint ein breiter, mehrere Reihen tiefer Menschenblock der sich rhythmisch im Gleichschritt auf seinen Gegner zubewegt und dabei siegessicher singt. Plötzlich, wird aus dem Gleichschritt ein Lauf und der Angriff folgt.[31] Eingespielte Bewegungsabläufe und die individuelle Fokussierung machten es notwendig, jemanden an seiner ungeschützten Flanke zu haben, der genau weiß, wie sich der Kriegsgenosse verhält.

Durch die von Liebe geprägte Verbindung der Kampfgenossen wurde vermutlich sichergestellt, dass die Formation unter allen Umständen standhält. Jeder der Kämpfer wollte sich um seiner Ehre Willen für Sparta verdient machen, aber noch wichtiger war, sich nicht die Blöße der Furcht zu geben vor dem einzigen Menschen, dessen Respekt

---

[29] *Harry Sidebottom*, Ancient warfare. A very short introduction. Oxford 2004, 37
[30] *Sidebottom* (wie Anm. 29), 42
[31] *Sidebottom* (wie Anm. 29), 83f

14

man sich sicher sein wollte. Diese Vertrauensverbindung machte die Phalanx zu einem militärischen Erfolgsmodell.

4. Päderastischer Vorgang

Aus den vorausgegangen Erläuterungen der einzelnen Systembausteine der spartanischen Erziehung wird bereits deutlich, dass in keinster Weise Sozialkompetenz der Heranwachsenden gefördert wurde. Der Sinn im Leben eines Spartiaten war es, sich eines Tages als Krieger verdient zu machen. Grundlegende menschliche, postmoderne Bedürfnisse standen hinter Ehre, Mut und vor allem dem Staat an.

Mit Sicherheit unterschieden sich die Vorgänge der Knabenliebe im territorialen sowie kulturellen Kontext in einigen Aspekten.

Aristoteles unterscheidet drei Formen der Liebe. Gegenseitigkeit der Liebe zu einem Freund sei laut ihm eine bewusste Entscheidung der Involvierten und erfordert einen wertebasierten Grundkonsens.[32] Dieser war erforderlich, um eine Verbindung einzugehen. Hieran lässt sich ableiten, dass die körperliche Verbindung nicht im Fokus der Knabenliebe stand, sondern charakterliche Aspekte im Vordergrund standen. So ist es der Charakter in all seiner Reinheit und seinem menschlichen und kriegerischen Potenzial, der ausschlaggebend sei für das Eingehen einer Verbindung. Die Wechselseitigkeit beflügelt die Involvierten, sich gegenseitig zu achten, insbesondere der Erōmenos schaut zu seinem Erastēn auf, vor allem im Bereich der kriegerischen Tüchtigkeit.

---

[32] *Aristoteles/Franz Dirlmeier/Ernst A. Schmidt*, Nikomachische Ethik. (Reclams Universal-Bibliothek, Nr. 8586). Stuttgart 2013, 222

5. Erastēs und Erōmenos

„Wenn es nur irgendein Mittel geben könnte, dass eine Stadt oder ein Heer von Liebenden und Geliebten gebildet würde, (...) und wenn sie Seite an Seite kämpften, dürften solche Leute, auch wenn sie wenige sind, sozusagen alle Menschen besiegen. Denn ein liebender Mann nimmt es wohl weniger hin, wenn sein Geliebter sieht, wie er die Kampfformation verlässt oder seine Waffe wegwirft, als wenn alle anderen es sehen, und würde stattdessen wählen, tausend Tode zu sterben. "[33]

In diesem Zitat steckt die Quintessenz dessen, was hier erarbeitet werden soll. Die Gefühlsebene zu verbalisieren, die sich effizient auf den Kampfstil auswirkt. Die Ausweglosigkeit die durch diese Liebesbeziehung erzeugt wird, lässt keine Alternative als zu kämpfen, für sich selbst und seinen Lehrmeister/ Geliebten/ Freund.

Paidikoi erostes, das Verliebtsein in den Charakter eines Knaben, sollte hier als Potenzialerkennung seitens des Liebhabers verstanden werden, da er die Rolle eines Lehrmeisters einnimmt, um einen Kampfgefährten auszubilden.[34]

Die Erastēn verhielten sich wie Väter, in der Anthropologie und Psychologie auch bekannt als displaced fathering. Dementsprechend würde man vermuten, dass es keinen sexuellen Kontakt in dieser Beziehung gab, jedenfalls anfänglich nicht.[35]

---

[33] *Plato/Paulsen/Rehn* (Hrsg.) (wie Anm. 17)
[34] *Cartledge* (wie Anm. 20), 94
[35] *Cartledge* (wie Anm. 20), 97

6. Fazit

Die moralischen Maßstäbe, die uns heute verleiten, ein Thema wie die Päderastie in der antiken griechischen Welt zu verurteilen, waren den Menschen, über die hier geschrieben wurde, völlig fremd. Moral ist heute gesellschaftlich akzeptiertes Regel-, Normen- und Wertesystem, welches in einer Gesellschaft als Verhaltensmaßstab anerkannt wird, da es aus kulturellen und religiösen Erfahrungsschatz stammt. Der griechische Götterglaube sah Gottheiten für diverse positive und negative Lebenssituationen vor. Es gab keine allmächtige, göttliche und wertende Instanz wie zum Beispiel im Christentum, die auch strafend agierte.

Darüber hinaus konnte nicht abschließend geklärt werden, ob die Spartaner überhaupt sexuelle Aspekte der Knabenliebe lebten, die wir heute verurteilen würden.

Die antiken Griechen sahen sich nicht durch eine urteilende Obrigkeit gezwungen, eine Entscheidung bezüglich ihrer sexuellen Ausrichtung zu treffen. Begrifflichkeiten wie Homo-, Bi-, Transsexualität usw. existierten nicht.

Cartledge unterstreicht, dass dies der wichtigste kulturelle Unterschied zur westlich geprägten gegenwärtigen Kultur sei. Es gab keine modernen, sozialen und gesellschaftlichen Konstruktionen von akzeptierten oder verpönten Nahbeziehungen. Das Fehlen dieser soll aber nicht implizieren, dass ein Toleranzcharakter hier wesentlich sei. Schon in Xenophons „Verfassung der Spartaner" werden Rahmenbedingungen der Institution "Knabenliebe" erwähnt. So weist er explizit darauf hin, dass von den jungen Knaben erwartet wurde, eine päderastische Beziehung einzugehen aber auch, dass körperliche Begierde als höchst beschämend gelte. Hier wird wieder die "gute" und "schlechte" Liebe unterschieden, die in Platons "Gastmahl" bereits Erwähnung fand. Vermutlich wird hier über Ausgangssituationen der Beziehung berichtet. [36]

Jedoch bleibt festzuhalten, dass reduziert man die Beziehung, auf die freundschaftliche Lehrbeziehung, sowie die gesellschaftlichen Rahmenbedingungen die Spartaner im Feld

---

[36] *Cartledge* (wie Anm. 20), 93–95

stärkten und zur mächtigsten militärischen Landmacht des antiken Griechenlands machten. Das Zusammenspiel aller Erziehungsmethoden und Institutionen hätte physisch exzellente Krieger hervorgebracht, jedoch ist zu bezweifeln, dass vertrauensvolle Bünde in dieser Art und Weise daraus hervorgegangen wären.

I

Literaturverzeichnis

Internetquellen

Agoge - Brill Reference. Online verfügbar unter http://referenceworks.brillonline.com/entries/der-neue-pauly/agoge-e108360?s.num=0&s.f.s2_parent=s.f.book.der-neue-pauly&s.q=agoge+, zuletzt geprüft am 25.08.2016.

Eros - Brill Reference. Online verfügbar unter http://referenceworks.brillonline.com/entries/der-neue-pauly/eros-e401810?s.num=0&s.f.s2_parent=s.f.book.der-neue-pauly&s.q=eros+, zuletzt geprüft am 09.09.2016.

Paederasty - Brill Reference. Online verfügbar unter http://referenceworks.brillonline.com/entries/brill-s-new-pauly/paederasty-e903570?s.num=2&s.q=erastes, zuletzt geprüft am 18.08.2016.

Phalanx - Brill Reference. Online verfügbar unter http://referenceworks.brillonline.com/entries/der-neue-pauly/phalanx-e91 Süddeutsche.de GmbH; Munich; Germany: Glaube und Ethik – Wie kam die Moral in die Welt? Online verfügbar unter http://www.sueddeutsche.de/wissen/glaube-und-ethik-wie-kam-die-moral-in-die-welt-1.62929, zuletzt geprüft am 27.09.20167830?s.num=1&s.q=phalanx, zuletzt geprüft am 02.09.2016.

Monographien

Meier, Mischa (2006): Das frühe Sparta. Wann enstand das *Homoioi* Ideal in Sparta?, S. 113–124.

Sex and Difference in Ancient Greece and Rome (2003). Unter Mitarbeit von Mark Golden und Peter Toohey: Edinburgh University Press.

Baltrusch, Ernst (1998): Sparta. Geschichte, Gesellschaft, Kultur. München: C.H. Beck (Beck'sche Reihe; 2083: C.H. Beck Wissen).

II

Bethe, Erich (1983 ca): Die dorische Knabenliebe. Ihre Ethik u. ihre Idee. Berlin: Verl. rosa Winkel.

Cartledge, Paul A. (2001): Spartan reflections. London: Duckworth.

Dover, Kenneth James (1983): Homosexualität in der griechischen Antike. München: Beck.

Hindley, Clifford (1994): Eros and military command in Xenophon. In: *The Class. Q.* 44 (02), S. 347. DOI: 10.1017/S0009838800043810.

Klinger, Magdalena (2011): Pädagogischer Eros. Erotik in Lehr-/Lernbeziehungen aus kontextanalytischer und ideengeschichtlicher Perspektive. Pädag. Hochsch., Diss.-- Freiburg im Breisgau, 2011. Berlin: Logos-Verl.

Marrou, Henri Irénée; Harder, Richard; Beumann, Charlotte (1957): Geschichte der Erziehung im klassischen Altertum. Freiburg, München: Alber.

Millender, Ellen G. (2001): Spartan Literacy Revisited. In: *Classical Antiquity* 20 (1), S. 121–164. DOI: 10.1525/ca.2001.20.1.121.

Patzer, Harald (1982): Die griechische Knabenliebe. Wiesbaden: Steiner (Sitzungsberichte der Wissenschaftlichen Gesellschaft an der Johann-Wolfgang-Goethe-Universität Frankfurt am Main, 19,1).

Schulz, Raimund (2008): Athen und Sparta. 3., erg. Aufl. Darmstadt: Wiss. Buchges (Geschichte kompakt). Online verfügbar unter http://www.gbv.de/dms/faz-rez/F18200310072034574.pdf.

Sidebottom, Harry (2004): Ancient warfare. A very short introduction. Oxford: Oxford University Press. Online verfügbar unter http://www.loc.gov/catdir/enhancements/fy0636/2004024151-d.html.

Welwei, Karl-Wilhelm: Sparta. Aufstieg und Niedergang einer antiken Großmacht (2004).

Welwei, Karl-Wilhelm (2011): Griechische Geschichte. Von den Anfängen bis zum Beginn des Hellenismus. Paderborn: Schöningh.

III

Quellenverzeichnis

Aristoteles; Dirlmeier, Franz; Schmidt, Ernst A. (2013): Nikomachische Ethik. Bibliogr. erg. Ausg. Stuttgart: Reclam (Reclams Universal-Bibliothek, Nr. 8586).

Xen. Lak.pol. 2-4: 2. Die lakedaimoinische Gesellschaft: Die Spartiaten (homoioi). 2.1. Die gemeinsame Erziehung (sog. agoge´).

Plato; Paulsen, Thomas; Rehn, Rudolf (Hg.) (2008): Das Gastmahl. Stuttgart: Reclam (Reclams Universal-Bibliothek, 18527).

BEI GRIN MACHT SICH IHR WISSEN BEZAHLT

- Wir veröffentlichen Ihre Hausarbeit, Bachelor- und Masterarbeit

- Ihr eigenes eBook und Buch - weltweit in allen wichtigen Shops

- Verdienen Sie an jedem Verkauf

Jetzt bei www.GRIN.com hochladen und kostenlos publizieren